EN VENTE CHEZ LES PRINCIPAUX LIBRAIRES

ET DANS LES KIOSQUES

NICE ET MONACO

DEUX VILLES UTILES L'UNE A L'AUTRE

RÉPONSE A LA PÉTITION

DEMANDANT LA FERMETURE DU CASINO

DE MONTE-CARLO

PRIX : 20 CENTIMES

NICE

IMPRIMERIE ANGLO-FRANÇAISE, MALVANO & Cⁱᵉ

(ANCIENNE MAISON CAISSON ET MIGNON)

62, rue Gioffredo, 62

1877

EN VENTE CHEZ LES PRINCIPAUX LIBRAIRES

ET DANS LES KIOSQUES

NICE ET MONACO

DEUX VILLES UTILES L'UNE A L'AUTRE

RÉPONSE A LA PÉTITION

DEMANDANT LA FERMETURE DU CASINO

DE MONTE-CARLO

PRIX : 20 CENTIMES

NICE

IMPRIMERIE ANGLO-FRANÇAISE, MALVANO & C
(ANCIENNE MAISON CAISSON ET MIGNON)
62, rue Gioffredo, 62

1877

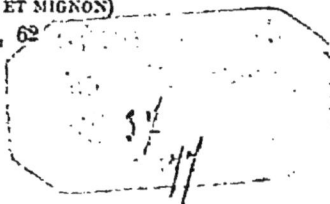

AVIS AUX PÉTITIONNAIRES

contre le

CASINO DE MONTE-CARLO

———

Il circule, depuis quelque temps, à Nice et dans les environs, une pétition adressée au Parlement français, et tendant à la fermeture du Casino de Monte-Carlo. Cette pétition est colportée de maison en maison, par des émissaires soldés, qui reçoivent quinze centimes pour chaque signature racolée. Si les auteurs de cette supplique s'étaient bornés à invoquer l'immoralité et les dangers du jeu, nous aurions

gardé le silence. Cette question,
d'ailleurs, a été traitée sous les formes
les plus diverses, par les philosophes
moralistes de tous les temps et de
tous les pays.

On serait tenté de croire que cette
passion est malheureusement inhé-
rente à la nature humaine, puisque
les lois les plus sévères n'ont jamais
pû parvenir à la déraciner. Elle se
perpétue chez les peuplades les plus
sauvages, comme chez les nations les
plus civilisées. En conséquence, nous
la laissons de côté. Les remontrances
les plus énergiques, à ce sujet, seraient
des coups d'épée dans l'eau, et auraient
les mêmes résultats que les lamenta-
tions des prophètes gémissant inuti-
lement dans le désert.

Nous maintenons seulement et avec
la conviction la plus entière, que les
pétitionnaires se trompent lorsqu'ils
affirment que les intérêts vitaux de

Nice et des villes du littoral sont gravement compromis par le voisinage de l'établissement de jeu de Monaco.

Nous dressons une statistique basée sur des chiffres et des faits pour prouver que la prospérité matérielle du département des Alpes-Maritimes a considérablement augmenté, depuis l'ouverture de ce temple, consacré au veau d'or, qui attire des sectateurs de toutes les religions et de tous les pays. C'est là qu'on peut dire avec vérité, que les adorateurs se renouvellent sans cesse, et que la mort de ceux qui se font briser sous les roues de son char, n'empêche pas la venue d'une multitude de fanatiques.

Est-ce que le choléra, qui éclate parfois à la Mecque, empêche les pèlerins d'aller visiter le tombeau du Prophète? Est-ce que les Indiens cessent d'accourir en foule pour assister aux processions en l'honneur de leurs dieux, malgré les nombreuses victimes de ces agglomérations religieuses? Non.

L'or qui brille autour du dieu Plùtus, à Monte-Carlo, sera toujours un aimant puissant qui attirera les étrangers, au lieu de les éloigner. *Uno avulso non deficit alter.*

Cessez donc de soutenir que l'existence de cet établissement est une cause de ruine pour nos contrées, en ce sens, qu'il en tient éloignés les membres de la Colonie étrangère; car c'est mentir à l'évidence et nier la lumière en plein midi.

Consultez les habitants des villes d'eaux, où de pareils temples ont été fermés, et vous apprendrez le vide immense qui s'est fait autour d'eux. Leurs sources bienfaisantes, l'air salubre dont ils jouissent, les agréments de leurs sites enchanteurs ne peuvent suppléer à l'absence de cette déesse, qui tenait et fesait miroiter la fortune, dans ses mains capricieuses et inconstantes.

Supposons un instant que les vœux des pétitionnaires soient réalisés; que les salons splendides de Monte-Carlo soient fermés; que les échos d'alentour ne répètent plus les sons harmonieux de cet orchestre si renommé; que ces magnifiques jardins, qui rappellent actuellement ceux de Sémiramis, n'étalent plus que des ronces et des épines et surtout que ces merveilleux tirs aux pigeons où tout est si parfaitement aménagé, et où viennent concourir tant de nobles et opulents personnages n'aient plus lieu, nous le demandons très sérieusement, quels attraits présentera la ville de Nice pour attirer et retenir dans son sein ces trente mille personnes, qui vont chaque mois, se distraire ou rechercher les émotions vives des jeux de hasard à *Monte-Carlo?*

Nous le prédisons sans crainte de nous tromper : M. le maire de Nice sera obligé de demander bientôt au Conseil Municipal, de voter une somme considérable, pour embellir la cité et remplacer, pour les étrangers, les distractions et les agréments qu'ils trouvaient à Monaco.

Il faudra suppléer aux 50,000 francs que l'administration du Casino, accordait toutes les années pour les Courses, les fêtes publiques et les Sociétés de secours mutuels et de bienfaisance.

Il faudra pourvoir au déficit, causé dans les recettes de l'octroi, par l'absence des acheteurs monégasques, qui viennent chaque jour s'approvisionner en tous genres sur nos marchés....

Monaco, privé du Casino n'aurait plus qu'un petit nombre d'étrangers ; une partie de sa population même serait obligée d'émigrer et le commerce de détail, à Nice, perdrait ainsi un débouché quotidien et fructueux.

Nous avons la certitude que M. le maire Raynaud serait sous peu de temps, dans le cas d'imiter M. le maire de Francfort qui, après la suppression des maisons de jeux à Hombourg, Wiesbaden, Nauheïn et Baden, a fait un appel de fonds à ses conseillers, pour créer des embellissements et des agréments susceptibles d'amener cette foule d'étrangers maintenant absents et dont la présence donnait autrefois du mouvement à la cité. Cependant Francfort est une ville de plus de 100,000 habitants, et le point central de l'Allemagne, tandis que Nice ne possède que la moitié de cette population, et se trouve aux confins de la France.

Nous ajouterons encore : Quel *great attraction* aurez-vous pendant les chaleurs de l'été, pour retenir ou exciter à venir, dans nos parages, ces 30 ou 40,000 joueurs qui ne viennent uniquement que pour tenter la fortune à Monte-Carlo, et dont l'apparition dans nos murs n'aura plus alors de raison d'être.

Nous nous permettrons ensuite de dire à M. Léon Pilatte, pasteur protestant, qui menace de la colère et des châtiments du Ciel, les protecteurs des jeux :

« Votre zèle, plein d'ardeur doit s'exercer aussi contre d'autres établissements publics, bien plus redoutables par leurs suites funestes. Maudissez tous les gouvernements, sous la protection desquels s'effectuent ces jeux de bourses qui produisent tant et de si énormes désastres. » — C'est là que vont s'engloutir beaucoup de fortunes ; c'est là qu'est la source de ces vols et de ces détournements énormes de la part des caissiers et des administrateurs, de tant de sociétés financières. Plusieurs jugements démontreront bientôt que c'est dans de pareils jeux publics qu'ont été perdus en Belgique des centaines de millions, confiés par l'épargne à ces agents trop aventureux.

C'est là l'origine de tant de désespoirs suivis de suicides ; c'est là que se fabriquent les fausses nouvelles qui produisent des avalanches de banqueroutes, et la ruine complète et le déshonneur des hommes d'affaires les mieux intentionnés, et les plus honnêtes.

Dans les deux mois qui ont suivi la dernière exposition de Vienne, il y a eu trente-trois suicides constatés en Autriche par suite d'une subite et immense différence dans les prix côtés à la bourse de quelques valeurs et obligations financières.

Puisque M. Pilatte est en verve d'éloquence pieuse, il doit aussi tonner vigoureusement contre MM. les présidents des cercles de la Méditerranée et de Masséna, sous la protection desquels de nombreux joueurs exposent chaque nuit léur fortune aux chances les plus hasardeuses du jeu. Ce qui, d'après, lui est infernal et appele les foudres célestes, sur Monaco, mérite la même qualification et la même punition pour les cercles de Nice, et pour les palais des bourses de toutes les capitales et de toules les grandes villes.

Nous résumons, en définitive, ainsi notre pensée, et ce que nous croyons être conforme à l'exacte vérité des choses.

La fermeture du casino de Monte-Carlo serait très-préjudiciable aux interêts vitaux de Nice, et des autres villes du littoral.

Le nombre des visiteurs étrangers de passage, ou de résidence plus ou moins prolongée, diminuerait considérablement. Il faut actuellement d'autres stimulants que ceux qui sont offerts par la beauté monotone du soleil : cet astre brille ailleurs du même éclat. Nous pourrions citer beaucoup de princes et de princesses russes, beaucoup de Boyards des provinces Danubiennes, beaucoup d'opulents américains, anglais, belges, hollandais, allemands, etc., qui choisissent le séjour de nos contrées, pour être à la portée d'éprouver les fortes émotions de la roulette et du trente et quarante, et il serait difficile de mentionner à part quelques familles anglaises dont les dépenses sont restreintes celles qui s'abstiennent de venir à raison de la proximité du casino de Monte-Carlo, où rien d'ailleurs, ne les oblige de se rendre.

La pétition repose donc sur des appréciations de fait que nous considérons comme profondément érronées au point de vue de la prospérité matérielle, de l'avenir commercial et industriel de notre département, et principalement de la ville de Nice. Notre opinion est, en cela, d'accord avec le sentiment général du public. L'annonce officielle d'une autorisation légale accordée pour établir dans notre cité un casino semblable à celui de Monte-Carlo, serait immédiatement accueillie par une hausse importante sur les loyers des maisons, et les prix des terrains, où des constructions de bâtiments pourraient s'effectuer. Preuve évidente et irrécusable que l'existence d'un établissement destiné aux jeux publics, n'est pas généralement apprécié, comme une cause d'éloignement des étrangers, et par conséquent, de la ruine la cité, dans la-

quelle il est fondé Une controverse
loyale, sérieuse et sincère est ouverte,
à ce sujet, en dehors de toute passion
et de tout parti pris d'avance. Notre
polémique dans cette question brû-
lante se bornera à démontrer que les
les auteurs ou meneurs de la pétition
sont dans une erreur palpable, en sol-
licitant d'une manière pressante, des
signatures sous prétexte que l'avenir
prospère de Nice et de ses environs est
gravement menacé et compromis.

Nous avons la conviction qu'ils font
fausse route, et que leurs calculs faits
probablement de bonne foi, sont basés
sur des données sans fondement.

ED. JOUBERT.

POST-SCRIPTUM

Nous apprenons que M. Dupressoir, an-
cien directeur du casino de Baden, vient
d'obtenir du vice-roi d'Egypte, l'autorisation d'établir au Caire une vaste maison
de jeu, rivale de celle de Monaco.

Le Khédive lui a fait des concessions

importantes, afin de favoriser l'établissement de la roulette et du 30 et 40, dans
la capitale de ses Etats.

Croyez-vous que les habitants de cette
grande cité commerciale s'opposeront à
cette installatiion et la considéreront
comme une entrave, à l'avenir prospère
de leur ville? Allons Messieurs les pétitionnaires, répondez! Il ne s'agit pas ici
de morale; le bien-être matériel, seul, est
en discussion.

Vous savez très bien que le monde
nombreux de joueurs, ne s'arrête pas de-
vant les distances, et que s'il ne pouvait
plus satisfaire la passion indestructible
du jeu dans nos contrées, il franchirait
les mers, pour aller porter son argent au
Caire et enrichir sa population. Nous
pourrions donner une liste très longue de
riches personnages, qui ne seraient pas
venus dépenser leur argent sur notre
littoral, depuis 1872, si les maisons de jeu,
de *Spa*, de *Wiesbaden*, de *Baden* et de
Hombourg, n'avaient pas été fermées.

Les faits patents sont là pour corro-
borer notre thèse. Nous continuerons donc
à affirmer très-carrément et sans crainte
d'un démenti fondé, que la disparition
de Monte-Carlo, serait fatale au commerce
et à l'industrie de Nice, et arrêterait
l'essor de beaucoup d'entreprises. C'est
une vérité dure à entendre, mais ce n'en
est pas moins une vérité.

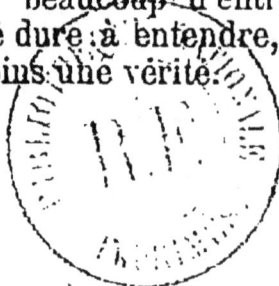

E. J.